BİLGİ YAYINLARI
ÇOCUK KİTAPLARI

ISBN 975 - 494 - 741 - 4
98 . 06 . Y. 0105 . 1313

Birinci Basım
Mayıs 1998

BİLGİ YAYINEVİ
Meşrutiyet Caddesi, No: 46/A, Yenişehir 06420 / Ankara
Telf : (0-312) 431 81 22 - 434 12 71 - 434 49 98 - 434 49 99
Faks : (0-312) 431 77 58

http://www.bilgiyayinevi.com.tr
e-mail: info @ bilgiyayinevi.com.tr

●

BİLGİ KİTABEVİ
Sakarya Caddesi, No: 8/A, Kızılay 06420 / Ankara
Telf : (0-312) 434 41 06 - 434 41 07
Faks : (0-312) 433 19 36

●

BİLGİ DAĞITIM
Narlıbahçe Sokak, No: 17/1, Cağaloğlu 34360 / İstanbul
Telf : (0-212) 522 52 01 - 526 70 97
Faks : (0-212) 527 41 19

HASAN LÂTİF SARIYÜCE

Keloğlan Masalları - 3

Büyülü Sofra

BİLGİ YAYINEVİ

kapak ve resimler : cavit yaren

HASAN LÂTİF SARIYÜCE'NİN ÇOCUK KİTAPLARI

KELOĞLAN MASALLARI

1. Deliler Ülkesinde
2. Görünmez Adam
3. Büyülü Sofra

ANADOLU MASALLARI

1. Mavi Kahkaha Çiçeği
2. Ayşecik ile Fatmacık
3. Mercan Kız
4. Altın Oğlan ile Altın Kız
5. Balkız ile Daloğlan
6. Çıtıpıtı Hanım
7. İncili Salkım

baskı : cantekin matbaacılık yayıncılık ticaret ltd. şti.
telf : 384 34 35 - 384 34 36 - 384 34 37

İÇİNDEKİLER

BÜYÜLÜ SOFRA

Vaktiyle işsiz güçsüz bir Keloğlan varmış. Haylaz mı haylaz, yaramaz mı yaramazmış. Anası Mersin'e git dese, o tersine gidermiş. Birisi bayram haftası dese, o ambar tahtası diye tuttururmuş.

Keloğlan'ın anası da anaymış hani... Malı mülkü yokmuş ama ne eder, ne yapar, oğlunun tabağını çorbasız bırakmazmış. Geçimini çorap örerek sağlamaya çalışırmış. Öyle çoraplar örermiş ki görenlerin ağızları açık kalırmış. Renk Keloğlan'ın, desen Keloğlan'ın, çiçek Keloğlan'ın, nakışlı, gülen bakışlı...

Koyunu kuzusu yokmuş kadıncağızın. Pazardan yün alır, yıkar, tarar, eğirir bükermiş. Bir çıkrığı varmış. Kanatları durmadan çıkırık çıkırık diye dönermiş.

Kadıncağız eğirirken yünün bir ucunu da Keloğlan'a tuttururmuş. Keloğlan yünün ucunu ele geçirdi mi, çekip gidermiş evden dışarı. Sokakta çelik çomak oynayan çocukların yanına varırmış.

Anası;

– Kel oğlum, keleş oğlum!.. Gene yarış atı gibi başını alıp gittin! Güzel yünümü berbat ettin! dermiş ya, Keloğlan işitmezmiş bile.

Oğlu yününü berbat etse de, kadıncağız gene de güzel çoraplar örermiş. Keloğlan bunları heybesine doldurur, bir iki çiftini de omzundan aşağı sarkıtırmış. Kasaba pazarına gidermiş.

– Çorapçı geldi! Çorapçı güzeli geldi! Eşi benzeri yok bunların! Bir alan bir daha alıyor! Almayanın eli boş kalıyor!

Keloğlan yaramazmış ama satıcılığına diyecek yokmuş. Bir ünledi mi başına arı gibi müşteri üşüşürmüş.

Bir gün yine işini erken bitirmiş. Anasının istediği somunları satın almış. Yola koyulmuş. Yol bir dereden geçiyormuş. Çağıl çağıl akan dere balık doluymuş.

Keloğlan bunları görünce gene avareliği tutmuş. Ekmekleri heybesinden çıkarmış. Koparıp koparıp balıklara atmaya başlamış. Kısa zamanda bütün somunlar balıklara yem olmuş. Neden sonra fark etmiş ekmeklerin tükendiğini. Kalkmış, süklüm püklüm yola koyulmuş.

Anası buram buram nane kokan bir çorba pişirmiş. Oğlunun ekmeklerle dönmesini bekliyormuş. Eli boş döndüğünü görünce öfkelenmiş. Hele ekmekleri balıklara yem yaptığını öğrenince öfkeden küplere binmiş.

– Defol buradan! diye haykırmış. Nereye gidersen git! Para kazan! O para ile ekmek al! Ancak o zaman açılır bu kapı sana! Bunu böyle bil, sözüm şaka değil!

Keloğlan kel başını kaşımış.

– Aman ana!.. Yaman ana!.. Ben ettim sen etme bana!.. diye yalvarmaya başlamış. Anasına söz geçirememiş.

Çaresiz, evden uzaklaşmak zorunda kalmış. Az gitmiş, uz gitmiş. Dere geçmiş, dağ aşmış. Köy köy, kasaba kasaba dolaşmış. Bir iş bulamamış. Bir baltaya sap olamamış.

Günlerce aç susuz gezip tozduktan sonra şu karara varmış:

– Boşu boşuna niçin geziyorum? Gidip balıklardan ekmeklerimi geri isteyeyim. Yağma mı var? Ben aç dolaşayım, onlar keyif sürsünler!..

Düşmüş yola, bakınmadan sağa sola. Dere kıyısına gelmiş. Balıklar Keloğlan'ı görünce toplanmışlar gene. Bize yiyecek atacak diye kıpır kıpır oynaşmışlar.

Keloğlan balıkların sevincini çabuk bozmuş:

– Balıklar! Balıklar! Öyle bakıp durmayın alıklar! Geçen gün doğrayıp yedirdiğim ekmekleri geri verin! Yoksa ben size edeceğimi bilirim...

Balıklar insan dilinden anlar mı? Biraz beklemişler. Sonra her biri bir yana dağılıp gitmişler. Bu nankörlüğe Keloğlan'ın kafası iyice bozulmuş. Başlamış eline geçirdiği taşları dereye atmaya. Hiç durmadan taş atmış. Bir yandan da ağzına geleni söylemiş:

– Bana adıyla sanıyla Keloğlan derler. Ya ekmeklerimi geri verirsiniz... Ya da burada rahat yaşatmam sizi!

Keloğlan durmadan dereyi taşlamış. Kocaman kayalar atmış. Öğle olmuş. İkindi olmuş. Akşam olmuş.

Derken, akşamın alacakaranlığında dereden bir ses işitmiş:

– Vay başım!.. Hangi sersem attı bu taşı başıma?

Keloğlan konuşanı balık sanmış:

– Ben attım, ben!.. diye karşılık vermiş.

– Sen mi attın? Sersem çocuk, başka işin yok mu senin?

– İş nerede? Yediğiniz ekmekleri geri alıncaya kadar taşlayacağım.

– Ne ekmeği? Sen neden söz ediyorsun?

– Hani geçen gün parçalayıp size yedirmiştim ya...

– Biz su perileriyiz. Ekmek yemeyiz. Evimiz buradadır. Gündüz iyilik yapmak için uzaklarda oluruz. Akşam üzeri de evimize geliriz.

Keloğlan yeni taşlar toplamış kucağına:

– Ben su perisi, sel perisi bilmem... Ya ekmeklerimi verirsiniz ya da parasını...

– Biz para kullanmayız. Ama istersen sana

bir sofra verelim. Evine götür. İstediğin yemeği önünde bulursun.

Pat diye Keloğlan'ın ayaklarının dibine bir paket düşmüş. Keloğlan ne olduğunu anlayamamış ama paketi almış, anasına götürmüş. Çat çatapat kapıyı çalmış.

Anası içerden;

– Kim o? diye sormuş.

– Benim ana, benim! Bak sana ne getirdim.

Kadın kapıyı açmış. Keloğlan içeri girmiş. "Açıl sofram açıl!" diye sofrayı anasının önüne yayıvermiş. Sofra üstünde türlü türlü yemekler... Hindi kızartması mı dersin, pirinç pilavı mı, suböreği mi, baklava mı? Ye yiyebildiğin kadar...

Keloğlan'la yoksul anası hemen sofranın başına çökmüşler. Bir güzel karınlarını doyurmuşlar. Sonra kadın sofrayı dürmüş, bir köşeye koymuş.

Ertesi gün, daha ertesi gün, sofrayı açtıklarında hep türlü türlü yemekler belirmiş önlerinde.

Derken Keloğlan'ın başında kavak yelleri esmeye başlamış.

– Ana, demiş. Allaha şükür her şeyimiz var. Neden konuya komşuya bir yemek ziyafeti çekmiyoruz?

– Oğlum, bulduk bir sofra, kimseye yapmadan tafra, geçinip gidelim. Sonra elimizden kaparlar.

Keloğlan;

– Hakkın var anacığım, doğru söylüyorsun. Bu köyde ne insanlar var. Kimseyi çekemezler. Aralarında öyle eli uzunlar var ki, gözünden sürmeyi aşırırlar da haberin bile olmaz, dediği halde ertesi gün kapı kapı dolaşmış.

– Bu akşam bize yemeğe buyurun. Gelmezseniz hatırım kalır. Anam baklavalar börekler, yağlı yağlı çörekler hazırladı size, diyerek bütün köylüyü davet etmiş eve.

Akşam olmuş. Köy halkı eksiksiz, kadınıyla kızıyla, genciyle yaşlısıyla, hoppasıyla ağır başlısıyla Keloğlan'ın duvarsız avlusunu doldurmuş. Sevdiklerinden değil, şu yoksul Keloğlan bakalım gerçek mi söylüyor diye merak ettikleri için gelmişler.

Köylüler fır dolayı yere çökünce Keloğlan

büyülü sofrayı "Açıl sofram açıl, saçıl sofram saçıl!" diye şöyle bir yayıvermiş. Amanın neler neler... Köylünün ömründe görmediği yemekler...

Küçük dillerini yutacaklarmış nerdeyse şaşkınlıktan. Şapur şupur bir girişmişler yemeye, doğrusu değermiş görülmeye. Hepsini yemişler. Geride bir kırıntı bile bırakmamışlar. Sonra da ağızlarını silmeden, kesene bereket demeden çeken gitmiş evine. Ortalık tamtakır kuru bakır kalınca Keloğlan'la anası bir de bakmışlar ki, ne baksınlar... O güzelim sofranın yerinde yeller esiyor. Birisi alıp savuşmuş...

Anası;

– Ben sana demedim mi a boyu devrilesice!.. Bak gene aç bilaç kaldık... dediyse de Keloğlan;

– Bre ana, demiş. Sen hiç tasalanma. Ben o sofranın bir eşini yarın alır gelirim. Bana Keloğlan demişler.

Sabah olmuş, doğru dereye koşmuş Keloğlan. Kucak kucak taş toplamış. Akşama kadar dereyi taşlamış gene. Akşam üzeri;

– Vay başım!.. diye bir ses işitmiş.

– Bana bakın peri kardeşler, demiş Keloğlan. Kusura bakmayın, sizi rahatsız ediyorum ama bir ricam var. Bizim köyün eli uzun adamları verdiğiniz sofrayı aşırdılar. Elleri kırılır inşallah! Ne olur, gene bol yemekli bir sofra verin bana. Götüreyim garip anama.

– Soframız kalmadı. Onun yerine sana bir değirmen verelim.

– Değirmen mi? Sofra verseniz daha iyi olurdu. Çünü bizim köyde iki değirmen daha var. Üçüncüsü iş yapmaz ki...

– Yapar yapar! demişler ve Keloğlan'ın önüne bir kutu fırlatmışlar.

Keloğlan;

– Bu da nasıl değirmen böyle, bir oyuncak değirmen olmalı. Bu yaştan sonra oyuncağı neyleyeyim? diye söylenerek eve gelmiş.

Anası;

– Bu bir çıkrığa benziyor. Çıkrığım eskimişti. İyi oldu bunu getirdiğin, diyerek kolunu çevirince minik değirmenin ağzından patır patır altınlar dökülmez mi? Meğer un değirmeni değil, altın değirmeniymiş, iyi yürekli perilerin verdikleri. Artık Keloğlan durur mu?

Değirmenin koluna yapışmış. Çevir babam çevir. Evde sele sepet altınla dolup taşmış.

Anası;

– Yeter gayrı oğlum, hele sepettekileri harcayıp bitirelim. Aslına bakarsan onlar bize yeter de artar bile. Fazla servet ya taş yarar ya baş. Herkes gözünü bize diker. Evimizi talan edip yerine darı eker, dediyse de Keloğlan söz dinler mi? O gün seleden sepetten başka çuvalları da altınla doldurmuş.

"Aman çenemizi sıkı tutalım. Ser verip de sır vermeyelim. Altınımız olduğunu kimselere söylemeyelim," diye kararlaştırdıkları halde, aradan iki gün geçmeden Keloğlan kendisini gene dağıtmış. Tavuklarına arpa yerine çil çil altın serpmeye başlamış. Bunu bir kocakarı görmüş. Gitmiş bir başkasına söylemiş. O da bir başkasına.. Başkası da daha bir başkasına... Daha güneş batmadan, bebeler beşiklerine ninnilerle yatmadan Keloğlan'ın tavuklarını altınla beslediğini duymayan kalmamış. Büyük bir kalabalık toplanmış evin önüne. Çağırsalar böyle bir kalabalık gelmezmiş davullu zurnalı düğüne.

İnsan içinde boşboğaz mı yok? Bunlardan birisi boru sesine benzer bir sesle;

– Keloğlan! Keloğlan! demiş, tavuklarını altınla besliyormuşsun!

Keloğlan susacağı yerde ayranı kabarmış:

– Öyle yapıyorum, demiş. Evde darı kalmadı da altın serpiyorum horozuma tavuğuma. Niçin şaştınız buna? Büyülü değirmenim un yerine altın öğütüyor.

Bunu duyarlar da uslu uslu yerlerinde dururlar mı? "Buyurun" davetini beklemeden eve doluşuvermişler. Değirmeni bir o kapmış bakmış, bir bu kapmış bakmış. Biraz sonra kalabalık evden ayrılmış ayrılmasına ama değirmenin de, altınların da yerinde yeller esiyormuş. Hepsi yağma edilmiş.

Anası söylemediğini bırakmamış ya, Keloğlan aldırmamış hiç. Ertesi gün daha güneş doğmadan dereye koşmuş. Su pericikleri bu kez Keloğlan'a bir tokmak vermişler. O da sevine sevine, alıp getirmiş evine.

Anası tokmağı görünce;

– Benim akılsız oğlum, demiş. Bu tokmak ne işe yarayacak? Sofra ile karnımızı doyur-

muştuk. Değirmenle de belimizi doğrultmuştuk. Yoksa bununla akılsız başını mı tokmaklatacaksın?

Keloğlan ilk defa anasına karşı öfkelenmiş:

– Vur tokmak, vur!.. Şu dilini tutmasını bilmeyen anamın başına vur! diye haykırmış.

Tokmak çevik bir sporcu gibi vurmaya başlamış. Ama anasının başına değil, Keloğlan'ın kel başına... Kanlar içinde kalmış başı. Birbirine karışmış gözü kaşı. "Dur tokmak dur" dediyse de tokmak duru vur anladığı için Keloğlan'ın başında tepinmiş durmuş.

Anası oğlunun durumuna acıyıp da "Dur" deyince, durmuş tokmak.

Kadıncağız oğlunun yaralarını sarmış. Keloğlan da sabahleyin daha kargalar gak demeden tokmağı götürmüş, dereye fırlatmış. Tokmak vuruşları, yerinden oynayan aklını başına oturtmuş. Yanlış yol tuttuğunun farkına varmış. Bundan sonra anasının bir sözünü iki etmemiş. Gezip dolaşmış. Dere geçmiş, dağ aşmış. Bir iş bulmuş kendisine. Çalışarak gül gibi bakmış annesine. Kimseye muhtaç olmadan geçinip gitmişler.

Onlar ermiş muradına; gökten üç elma düşmüş, çalışana saygı duyan hak bilir çocukların başına.

YARIM LEBLEBİ

Ermemişlerin ermiş, olmamışların olmuş sayıldığı çağların birisinde bir Keloğlan varmış. İyiymiş hoşmuş, midesi kimi zaman dolu, kimi zaman boşmuş.

Belli bir işi, uğraşısı yokmuş Keloğlan'ın. Ara sıra bir iş tutar, birkaç kuruş kazanmanın yoluna bakarmış. Kıt kanaat geçinip gidermiş işte. Yalnız doğruluk ararmış her işte. Doğruluğa pek meraklıymış. Doğru görünüp de yılan gibi eğri gidenlere çok bozulurmuş. Doğru davranmayanları gördükçe tir tir titrer, tepesine toplanırmış cinler.

Doğrusu o zamanlarda, tıpkı bu zamanda olduğu gibi, haksızlık yapanlar, doğru görünüp de eğri yola sapanlar pek çokmuş. Haksızlar çokmuş da haksızlarla uğraşan yokmuş.

Karşısında seyirci kalmakla haksızlık ortadan kalkar mı? Suya bir yol açmayınca kendi kendine akar mı? Keloğlan böyle düşüne düşüne, çalışmaktan malışmaktan vazgeçmiş. Eğrilerle, haksızlarla uğraşmaya ant içmiş.

Gezinirken yerde bir leblebi tanesi bulmuş. Yarısını ağzına atmış, yarısını da cebine yerleştirmiş. "İşte," demiş kendi kendine, "bütün servetim bu yarım leblebi... Onunla bütün haksızları yola getireceğim."

Yayan yapıldak düşmüş yollara. Dere geçmiş dağ aşmış. Küçük bir köye ulaşmış. Bakmış, ak pürçekli bir nine, kadınları kızları çevresine toplamış doğruluk dersi veriyor. Dikilmiş bir kıyıya Keloğlan, ninenin söylediklerine kulak vermiş.

– Doğruluk gibisi var mı şu dünyada? Tanrı ışığı parlar doğruların alnında. Allah kimseyi doğru yoldan şaşırtmasın. Haksızlık çukuruna düşürmesin. Amanın kızlar, yolda bile dosdoğru yürüyün. Eğri büğrü yürürseniz hesabını bir gün sizden sorarlar.

Keloğlan cebinden yarım leblebisini çıkarıp ninenin yanına sokulmuş:

– Nineciğim, demiş. Ne de güzel konuştun. Konuşmadın da sanki inci mercan saçtın. Ben senin gibi doğru bir kul arıyordum çoktan beri. Yarım leblebim var. Ne cebim var koyacak, ne heybem var içine atacak. Leblebimi sana versem saklar mısın acaba? Birkaç gün sonra gelir seni bulurum, leblebimi alırım.

Doğrucu ninenin gözleri ışılamış:

– İlahi keleş oğlan, yarım leblebi de ne ki? Ben onu neremde olsa saklarım. Ne kendim yerim, ne de bir kimseye yediririm. Git güle güle! Leblebinden yana korkun olmasın hele... demiş.

Keloğlan leblebiyi vermiş. Köşeyi dönüp oradan uzaklaşmış. Dere tepe, sere serpe üç gün gezmiş dolaşmış. Üç gün sonra dönüp gelmiş doğrucu ninenin köyüne. Bakmış nine aynı yerde oturuyor. Gene kadınlara kızlara doğruluk dersi veriyor.

Keloğlan bir tilki gibi sessiz adımlarla ninenin karşısına birden dikilivermiş:

– Nineciğim, doğrulukta bir taneciğim, sözünü balla kestim. Bakın işte ben geldim. Yarım leblebimi isterim demiş.

Demiş ya, doğruluğu diline dolayan, yürümek için bile yolun doğrusunu arayan nine suratını asmış, gözlerini kısmış:

– Ne leblebisinden söz ediyorsun? Ne zaman verdin de şimdi istiyorsun? demiş.

Demekle de kalmamış, Keloğlan'ı kovmaya kalkışmış. Yalnız Keloğlan değil, orada öğütlerini dinleyen, karşısında el bağlayan kadınlarla kızlar da şaşırmışlar. Bel bel bakıp kalmışlar yüzüne, bir anahtar uyduramamışlar sözüne. Neyse kadınlardan birisi kendini toplamış da;

– Güzel nineciğim, şu Keloğlan garibi, üç gün önce burada, bizim yanımızda sana bir yarım leblebi vermişti. Saklayayım diye cebine atmıştın. Yesen dişinin kovuğunu doldurmaz. Doldurmaz ya, emanete de hıyanetlik olmaz, diye tanıklık yapınca yüzü biraz kızarmış. Ama pişkinliğe verip bozuntuya vermemiş.

– Hay Allah, diyerek başına pat pat vurmuş. Bende akıl mı kaldı?.. Sabahta yediğimi öğlede hatırlamaz oldum. Öyle ya, almıştım yarım leblebiyi. Ama ben onu dün yanlışlıkla mangala düşürdüm. Ateşiyle kahvemi pişirdim. Yandı kül oldu. Vallahi ne diyeyim, geri nasıl vereyim?

Keloğlan dimdik dikilmiş:

– Doğruların doğrusu nineciğim, sen demezsen ben derim. Yarım leblebimi isterim. Ver mangalı yoksa keserim tutunduğun dalı, demiş.

Keloğlan böyle deyince, doğrucu nine feryat figân koparmış ama kimse kendisini haklı görmemiş. Orada bulunan herkes mangalı Keloğlan'a vermesi gerektiğini söylemiş. Nine de gitmiş, bakır mangalı Keloğlan'a teslim etmiş. Keloğlan mangalı sırtına vurmuş. Yürüyüp gitmiş. Bir de şarkı tutturmuş:

Sen her zaman doğru ol,
Doğru yaşa, doğru kal.
Leblebiye bir mangal,
İkisini eşit say,
Şinanay yavrum şinanay.

Böyle inciler dize dize, yolunu hem yokuşa sardırmış hem düze. Az gitmiş, uz gitmiş. Dere tepe düz gitmiş. Günün birinde bir kasaba-

ya yetmiş. Hiç bilmemiş dur durak, gezip durmuş sokak sokak.

Bakmış, ak sakallı bir adam evinin önüne oturmuş, hiç durmadan;

– Allah insanı doğru yoldan ayırmasın! Allah insanı doğru yoldan ayırmasın! diye söylenip duruyor. Tekrarlıyor boyuna. Keçi geçiyor, keçiye söylüyor. Koyun geçiyor, koyuna söylüyor.

Keloğlan yavaş yavaş adamın yanına sokulmuş:

– Hay doğruların doğrusu emmim! Ağzın dilin dert görmesin! İneğini dananı kurt yemesin! Ne güzel sözler söylüyorsun bilene. Doğruluk bir doğru yoldur gidene. Günlerdir senin gibi dosdoğru bir adam arıyordum. Köy demedim, kasaba demedim, geze geze kendimi yordum. Şu bakır mangalı emanet bırakmak istiyorum. Bu devirde güvenilmiyor herkese. İstemeye gelince almadım, görmedim derse... O zaman ben ne yaparım? Değil mi?

Doğrucu emminin yüzü gülmüş:

– İlahi sırma saçlı oğlum, emaneti saklamak zordur. Ama sevabı da büyüktür. Bırak mangalı şuraya, saklayayım hayırıma. Evvel Allah, mangalında ne kavurga kavururum, ne de kestane kızartıp dumanını göğe savrurum. Bir gün dönüp geldiğinde sapasağlam veririm eline, demiş.

Keloğlan vermiş mangalı doğrucu emmiye, uzaklaşıp gitmiş. Sağda solda gezip tozmuş tam bir ay. Kış da yaklaşıyormuş. Dağ başlarına dumanlar çökmeye başlamış.

– Gidip mangalımı alayım. Yakıp keyfime bakayım, diyerek doğrucu emminin kasabasına gelmiş.

Doğrucu emmi, gene kapının önünde oturuyormuş. Hiç ara vermeden "Allah insanı doğru yoldan ayırmasın" diye söylenip duruyormuş. Keloğlan birden adamın karşısına dikilivermiş.

– Güzel emmim! Doğrucu emmim! İşte ben geldim. Mangalımı isterim!

Keloğlan tatlı diliyle böyle demiş ya, adamın dili dolaşmış, suratı asılmış:

– Ne mangalından söz ediyorsun? Ne zaman verdin de şimdi istiyorsun!.. demez mi?

Keloğlan şaşırıp kalmış kalmasına ama he-

men ses tonunu da yükseltmiş. Gürültü kopunca başlarına bir sürü insan toplanmış. Doğrucu emmi "Almadım, görmedim" diyedursun, bir komşusu;

– Doğrucu! Doğrucu! Doğruluk sözünü hiç dilinden düşürmüyorsun ama elin garibinin mangalını sen aldın. Gözlerimle gördüm. Daha geçen gün onunla kavurga kavurdun, dumanını gökyüzüne savurdun. Böyle doğruluk olmaz. Emanete hıyanetlik edenlerin bu dünyada da, öbür dünyada da yeri kalmaz, diye görgü tanıklığı edince, yüzü biraz kızarmış ama pişkinliğe verip bozuntuya vermemiş.

– Hay Allah! deyip eliyle şap şap başına vurmuş. Bende akıl mı kaldı? Sabahta yediğimi öğlede hatırlamaz oldum. Öyle ya, almıştım o mangalı. Ahırda duruyordu. Geçen gün sarı inek lap diye üstüne basmaz mı? Baktım, ezilmiş büzülmüş. İşe yarar yanı kalmamış. Ben de ne sakladım, ne sattım. Kaldırıp çöplüğe attım. Vallahi şimdi ne diyeyim? Bir kere gitti elden, geri nasıl vereyim?

– Emmi emmi, demiş Keloğlan, sen demezsen ben derim. Mangalımın yerine sarı ineği isterim.

Emmi bas bas bağırmış, hop hop hoplamış ama başlarına toplananlar Keloğlan'ı haklı bulunca sarı ineği vermek zorunda kalmış.

Keloğlan ineği önüne katmış. Türküler söyleyerek sürmüş götürmüş.

Sen her zaman doğru ol,
Doğru yaşa, doğru kal.
Leblebiye bir mangal,
Bir mangala bir inek,
Hepsini de eşit say,
Şinanay yavrum şinanay.

Böyle inciler dize dize, geçip gitmiş öte yüze. Çayır çimen biçerek, ineğinin akça sütünü içerek bir altı ay bir güz gitmiş. Derken çıkıvermiş karşısına kocaman bir şehir. Sokakları sokak değil, sanki bir nehir. Kalabalıklar sel gibi akarak, birbirlerini itip kakarak geçip gidiyorlar.

İnek yedeğinde, ne dur bilmiş ne durak. Gezinmiş sokak sokak. Sonunda bir dükkâna rastlamış. Doğruluk Pazarı'ymış adı. Sahibi kütük gibi bir adam. Ense kulak boyun tamam. Elinde makas, bir yandan kumaş kesiyormuş müşterisine, bir yandan da durmadan konuşuyormuş:

– Doğruluk gibi var mı? Allah kimseyi doğru yoldan ayırmasın. Bir bahçem var. Orada hiçbir eğri ağaç göremezsin. Eğri ağaçları yaşatmam bahçemde ben. Kesip atarım.

Keloğlan güçlükle bir sırasına getirip;

– Hay ağzın dilin dert görmesin! Koyununu kuzunu kurt yemesin. Ne de güzel söylüyorsun bilene. En doğru yolu gösteriyorsun gidene. Günlerdir senin gibi bir doğrucu dayı arıyordum. Geze geze dizlerimi yordum. Şu sarı ineği emanet bırakabileceğim doğru bir adam lazım bana. Bu devirde önüne gelene inek bırakılmıyor ki... Doğru adam nerede? Bakıyorsun burada bir melek, bakıyorsun azgın canavar oluyor ıssız derede. Dayı dayı! Doğrucu dayı! İneğimi bırakayım sana. Sütünü sağ, yoğurduğunu yap, ayranını iç kana kana, demiş.

Doğrucu dayının yüzü gülmüş. Ağzı kulaklarına kadar genişlemiş.

– İlahi keltoş oğlan, demiş, emanet mal saklamak büyük bir yüktür ama sevabı da büyüktür. Bırak ineğini bana, bakayım hayırıma. Ne zaman istersen gel, al ineğini. Ne kılına bir zarar getiririm, ne tarlada koşmaya götürürüm. Biraz zayıf kalmış hayvan. Ben besleyeyim de sen gör o zaman. Pek yarar karışık arpa ile yulaf. Kısa zamanda fıstık gibi olur inşallah! demiş.

O böyle deyince Keloğlan'a gelmiş güvence. Bırakmış ineği adama. Düşüp gitmiş yoluna. Nerelerde gezip, nerelerde tozduysa tam bir yıl ortalıktan kaybolmuş. Yıl tamamlanınca yerden biter gibi adamın karşısına dikilivermiş. Dükkân kalabalıkmış. Dükkâncı her zaman yaptığı gibi "Doğruluk gibi var mı? Doğruların Tanrı ışığı parlar alnında," tekerlemesini söyleyip duruyormuş. Keloğlan'ı karşısında görünce tekerlemesine ara vermek zorunda kalmış.

Keloğlan ağzından bal akıtarak demiş ki:

– Doğrucu dayım, sensin güneşim ayım! Bak işte ben geldim. Sarı ineğimi isterim.

Doğrucu dayı şaşırmış. Elinden kumaş topunu düşürmüş. Kekeleyerek;

– Ne ineğinden söz ediyorsun? Ne zaman verdin de şimdi istiyorsun? demez mi!..

Demekle kalmayıp bir de bağırıp çağırmaya başlamaz mı? "Defol, git buradan" demez mi? Keloğlan ne tef olmuş, ne darbuka... Ama davul gibi güm güm ötmeye başlamış. Karşısındaki bağırdıkça o daha çok bağırmış. Bağırıp çığırması da kısa zamanda meyvesini vermiş. Dükkânın içi adamla dolmuş taşmış. Dükkâna doluşanlardan birçok kişi, bilmekteymiş işi.

– Yapma etme doğrucu dayı, demişler, sarı ineği dün dördüncü eşine düğün yaparken kesip davetlilere yedirmedin mi? Onlara dualar okutup yarabbi şükür dedirtmedin mi? Sen doğrucu bir adamsın, doğru yoldan ayrılmamalısın.

Görgü tanıkları ortaya çıkınca, adamın yüzü biraz kızarmış ama pişkinliğe vurup bozuntuya vermemiş. Kocaman elleriyle alnına şap şap vurmuş:

– Hay Allah! Bende hiç akıl kalmadı. Sabahta yediğimi öğlede hatırlamaz oldum. Öyle ya, sarı inek emanetti. Nasıl oldu da unuttum. Keşki kestirmeseydim. Vallahi şimdi ne diyeyim, olmayan ineği nasıl geri vereyim?

– Doğrucu dayı! Doğrucu dayı! Sen diyemezsin ama ben derim. İneğimin yerine gelini isterim.

– Şuna bak şuna... Bir inek karşılığı için gelin istiyor!.. Komşular bu olacak iş mi?

Verirsin vermezsin tartışması çok uzamış. Şu böyle demiş, o şöyle demiş. Her kafadan bir ses çıkmış. Sonunda iş kadıya kadar gitmiş. Davacı olan Keloğlan'mış. Dava konusunu çok güzel anlatmış. Kadı;

– İlk defadır ki böyle bir dava ile karşılaşıyorum, demiş. Birçok kitap karıştırmış. Sonunda;

– Gelin Keloğlan'ın olacak. Hak yerini bulacak, diye karar vermiş. Oraya toplanan kalabalık koca kavuklu kadıyı alkışlamış.

Keloğlan gelinin elinden tutmuş. Türkü söyleyerek şehirden uzaklaşmış:

Sen her zaman doğru ol,
Doğru yaşa, doğru kal.
Leblebiye bir mangal,
Bir mangala bir inek,
Bir ineğe bir gelin,
Hepsini de eşit say,
Şinanay yavrum şinanay.

Şehirden biraz uzaklaşınca Keloğlan gelinin duvağını kaldırıp yüzüne bakmış. Ay parçası gibi bir kız...

– Gelin bacı, demiş, çok da güzelmişsin. Baban yaşındaki çirkin bir adama isteyerek mi vardın?

Gelin sessizce ağlamış. Keloğlan sorusunu tekrarlamış:

– O adama gönlün isteyerek mi gelin gittin?

– Hayır, demiş gelin ıslak gözlerle. Ben bir çobanın nişanlısıydım. Babamın evlendiğim adama borcu vardı. Borç yüzünden beni dükkâncıyla evlendirdi.

Keloğlan;

– Öyleyse sen benim dünya ahret kardeşimsin. Doğru sizin köye gidiyoruz. Sen çobanı seviyorsun. Bunu döktüğün gözyaşından anladım, demiş.

Yön değiştirip kızın köyüne yollanmışlar. Köye varmadan güneşli bir bayırda dertli dertli çalan bir çobanla karşılaşmışlar. Kız;

– İşte nişanlım olan çoban bu, demiş.

Keloğlan kızın elini çobanın eline vermiş.

– Al nişanlını, demiş. Ama dostum, şunu bil ki ben hiçbir şeyi karşılıksız vermem.

Çoban boynunu bükmüş:

– Ne yazık ki size verecek param yok. Ben yoksul bir çobanım.

– Var, demiş Keloğlan. Şu elindeki kaval ne güne duruyor? Gelinin yerine kavalını ver bana.

Keloğlan çobanın uzattığı kavalı almış. Türküsünü söyleyerek oradan uzaklaşmış:

Sen her zaman doğru ol,
Doğru yaşa, doğru kal.
Leblebiye bir mangal,
Bir mangala bir inek
Bir ineğe bir gelin,
Bir geline bir kaval,
Şinanay yavrum şinanay.

Bir daha Keloğlan'ın nereye gittiğini ne işler yaptığını bilen, gören olmamış.

Onlar ermiş muradına; gökten üç elma düşmüş, haksızlığa karşı duran çocukların başına.

KELOĞLAN'IN OYUNU İNSAN YAPAR KOYUNU

Vaktiyle ya şu dağın gerisinde ya da öbür dağın berisinde bir köy varmış. Bu köyde anlı şanlı, yaman delikanlı bir Keloğlan yaşarmış. Sığırlarını otlatırmış köyün. Sabah erken kalkar, sürüyü önüne katar, otlu sulu derelerde gütermiş. Öğle sıcağı vurdu mu, hayvanlar ağaç gölgelerinde, kaya diplerinde uykuya durdu mu, Keloğlan da bir taşa sırtını yaslar, olmayacak hayaller kurmaya başlarmış.

"Büyüdüm, geldim evlenecek çağa. Bizim köyden Ahmet Ağa, Mehmet Ağa, istesem kızlarını verirler bana. Ama olmaz. Yakışık almaz. Benim evleneceğim, işte karım diyebileceğim kız bizim köyde yok. Onlarda bilgi desen bilgi yok, görgüsüzlük dersen çok mu çok.

Güzellik dersen arama. Onlarla evleneceğime, taş basarım bağrıma. Nişanlım olacak kız azdan az, uzdan uz olmalı. Ne bileyim ben, ya paşa kızı ya da vezir kızı olmalı. Vezir kızı ile paşa kızları da olmaz. Diyelim bir vezir kızıyla evlendim. Derken efendim, çıktı gitti hamama. Buyurun, buyurun, buyurun!.. Oraya değil şöyle altın musluklu kurnanın başına oturun!.. Oturdu, kurnayı su ile doldurdu. Hamam tasını daldırdı. Başladı başını sabunlamaya. Olmayacak iş ama, padişah kızı çıkıp gelmez mi hamama!.. Ona da buyurun, buyurun, buyurun!.. Oraya değil, altın musluklu kurnanın başına oturun, demezler mi? Vezir mezir kızı olduğuna bakmazlar, bizimkini kaldırıp yerine padişah kızını oturturlar.

Eğer sen, insan isen, ölmez misin arından? Yok... Yok... Benim gibi bir adamın karısı, padişah kızı karşısında, hamamında çarşısında iki büklüm durmamalı. Yerine kimse geçip oturmamalı. Vezir kızı da olmaz, paşa kızı da... Ben evlenirsem ancak padişah kızıyla evlenirim. Aşağısı beni idare etmez."

Keloğlan işte böyle her gün ham düşler ku-

rar, yüksekten atar, aşağıdan tutmazmış. Bu hayallere kendisini öyle bir kaptırmış ki, her akşam anasını sıkıştırmaya başlamış:

– Ana ana, canım kurban sana! Yarından tezi yok, padişaha var, yalvar yakar. Kızını bana iste!

Anası;

– Bre kel oğlum, keleş oğlum, demiş. Sen ne diyorsun? Neler söylüyorsun? Seni cin mi çarptı, yoksa otlattığın sığırlar mı tepti? Biz kim, padişahtan kız istemek kim? Hasırda yat, saray düşü gör. Olacak iş mi? Haydi gideyim, zenginiz, varlıklıyız diye martaval atarak kızını isteyeyim. Koskoca padişah yutar mı? Yetmiş iki bucakta casusu var, haber taşıyıcısı var. "Bre kendini bilmez kadın, beni küçük düşürmek mi maksadın?" derse... Sonra ben ne yaparım?

Daha neler neler söylemiş kadın. Keloğlan'a söz dinletmek ne mümkün? Dediğim dedik, çaldığım düdük der de başka bir şey demezmiş. Anası oğlunun zırıltısından, dırıltısından bıkıp usanmış. Bir gün kaptığı gibi sopasını, düşmüş yola, çalmış padişahın kapısını.

Orada bir yığın uşak. Çalımlarına bak, padişahta yoktur. Kuş olsan uçurmazlar, yel olsan geçirmezler. Yalvarmaktan yakarmaktan hiç anlamazlar.

– Defol bre şaşkın! Padişahımızın işi başından aşkın. Vezirler, beyler, paşalar giremiyor da sana mı sıra gelecek?

Kadıncağız diller dökmüş:

– Kulunuz kurbanınız olayım ağalar! Ben bir yoksul kadınım. Ama işim çok önemli. Padişahımızı görmeden şurdan şuraya adım atmam. Sonra bana yol vermediğinizi öğrenirse kelleniz elden gider. Dedim ya, çok önemli bir söz diyeceğim ben ona. Çok önemli...

– Ne söyleyeceksen önce bize söyle. Biz de söyleyelim çavuşumuza. Çavuşumuz söylesin ağasına. Ağamız söylesin paşasına. Paşamız da söylesin padişahımıza.

– Söylemesine söylerim kardeşler ama benim yüzümden işinizden olursunuz sonra. Bir çift söz söyleyeceğim ona. Bilemediniz iki çift... "Bre kadın niçin önce bana söylemedin de, herkesin diline sakız ettin!" derse sonra ben ne yaparım?

Neyse çoğu zarar, azı karar. Sözü uzatmak neye yarar? Kapıcıların gözleri korkunca kadını alıp padişahın yanına çıkarmışlar.

Keloğlan kurnaz olur, anası kurnaz olur da, padişah bön mü olacak? En saf kul bile padişah olsa, ne kurnazlıklar, ne oyunlar öğretirler ona. Kendisi tahtında otururken Keloğlan'ın anasını ayakta bekletmemiş padişah. Bir koltuğa buyur etmiş. El çırpmış gelen hizmetçiye:

– Kahve getirin hem bana hem konuğuma, demiş.

Altın fincanlarda kahvelerini höpürdetmişler. Padişah;

– Söyle bakalım anacığım, demiş. Benden dilediğin nedir?

– Canınızın sağlığı padişahım. Hayırlı bir iş için geldim buraya. Bir oğlum var. Adı Keloğlan. Köyün sığırtmacı. Ne yalan söyleyeyim, bugünden yarına yiyeceğimiz, üstümüzdeki partallardan başka giyeceğimiz yok. Tarla tapan arama. Ne atımız ne itimiz var. Ve lakin oğlum ille git, Allah'ın emri peygamberin kavli ile padişahın kızını bana iste dedi.

Ben de geldim. Gayri kızını verir misin, vermez misin, onu da sen bilirsin.

Padişah kızmış mı? Küplere binmiş mi? Hayır. Halktan bir kişiyi karşısına alan akıllı bir padişah, içten öfkelense de dıştan hiç belli etmez. Teklif edilen şeyi hakaret saysa da bunu açıkça, dobra dobra söylemez. Padişahla görüşen kişi, olmasa da işi, "Yahu padişahımız kadar olgun; padişahımız kadar saygılı bir padişah yeryüzünde yoktur. Eğer yaptığım çiğ teklifi o bana yapsaydı en azından kovardım onu karşımdan. Beni azarlamak şöyle dursun kapıya kadar uğurladı," der. Bu türlü sözlerin halk arasında söylenmesini istedikleri için akıllı padişahlar kızmaz, öfkelenmez, aşağıdan alır görünürler.

Padişah, Keloğlan'ın anasına içinden öfkelendiği halde, dışından hiç belli etmemiş:

– Bre kadınım, demiş. Tasan bu mu? Yoksulluk herkesin başında. Önemli olan insanlık. Kızımı oğlundan iyisine mi vereceğim? Verdim gitti. Yalnız şu var ki, gelenektir, bir padişaha damat olacak gencin bir sanatı, bir hüneri olmalıdır. Bu olmadı mı olmaz. Sonra öbür padişahlar bana kakınç kakarlar. "Kızını hiçbir hüneri olmayan bir gence verdi" derler. Oğluna söyle, bir sanat, bir hüner öğrensin gelsin. Sözüm söz, bekleyeceğim. Oğlun gelmeden kimseye evet demeyeceğim.

– Sağ ol padişahım, demiş kadın. Tuttuğun altın olsun. Yerine yerine geldim, sevine sevine gideceğim.

Tam kapıdan çıkarken aklına gelmiş, sormuş:

– Oğlum nasıl bir sanat, nasıl bir hüner öğrensin de gelsin?

Padişah biraz düşünür, biraz kaşınır gibi yapmış:

– Ali Cengiz oyunu öğrensin. Ondan kolay ne var ki?.. demiş.

Kadın köyüne dönünce her şeyi oğluna anlatmış. Keloğlan bu, gözünü karartmış bir kere, hüner öğrenmekten, sanat bellemekten mi yılacak?

Daha anası sözünü tamamlamadan;

– Olur ana, demiş. Ben her bir sanatı bellerim. Yeter ki bir öğreten bulunsun.

Bir avuç gökyüzünden başka bir şey görünmeyen kendi köyünde kim ne biliyor ki Keloğlan'a öğretsin... Anası;

– Boş ver yavrum, Ali Cengiz mi, Cengiz Han mı, her neyse, bu oyunun hocasını nereden bulacağız? Nerede arayacağız? Kimlerden soracağız? dediyse de anasının yakasını bırakmamış. Hemen ertesi sabah anası önde, kendisi arkada düşmüşler yola, bakınmadan sağa sola, az gitmişler uz gitmişler. Dere tepe düz gitmişler. Tabanları parçalanmış yürümekten. Çayır çimenlik bir yere vardıklarında anası;

– Oğlum, demiş. Yoruldum kaldım. Ne halim var ki zaten. Şu çimenlikte biraz dinlenelim. Bak orada kocaman bir ağaç var. Çınar ağacı desem değil, ceviz ağacı desem değil. İlle bir ulu ağaca benziyor.

Göğe dal budak salmış ulu ağacın gölgesine sığınmışlar. Kadıncağız sırtını ağacın gövdesine yaslamış. Derin bir of çekmiş. Çok geçmemiş aradan, esirgesin yaradan, ağaçtan ulu bir kapı açılmış, bir adam çıkmış içinden. Boyu biraz kısaca, sakalcığı kösece, çipil gözlü, sarı safran yüzlü. Otuz yaşında mı, altmış

yaşında mı, doksan yaşında mı, yoksa yüz doksan yaşında mı, belli değil. İnce bir sesle;

– Beni neden çağırdınız? demiş.

– Amca bir yanlışlık olacak. Biz kimseyi çağırmadık, dediyse de Keloğlan, kösecik söz dinlememiş.

– Benim adım Of'tur. Of dediniz, ben de geldim.

Kadın;

– Vallahi bilerek çağırmadım seni, demiş. Oğluma Ali Cengiz oyunu öğretecek bir hoca aramaya çıktık yola. Verelim dedik burada mola. Yorulmuşum. Ağzımdan bir of çıkıverdi.

Kösenin yüzü bir kat daha köseleşmiş. Dönüp gidecek olmuş. Sonra;

– İyi ya, demiş. Bu yeryüzünde Ali Cengiz oyununu öğretecek tek hoca benim. Tam adamına çattınız. Oğlunu bırak, sen git keyfine bak. İki yıl sonra gel, al götür.

Kadın oğlunu köse hocaya bırakmış. Ardına baka baka köyüne dönmüş.

Keloğlan, Of Hoca'nın ardından ağaçtaki kapıdan içeri girmiş. Geniş bir bahçe içinde bir ev. Evde üç tane kız. Boyları bosları birer andız. En küçük kız, bir sırasını getirip Keloğlan'a;

– Ey insanoğlu, demiş. Hangi akla uydun da babamın ardına düşüp geldin? Buraya gelenler bir daha sağ çıkamazlar. Ya uşak olarak kalırlar ya da öbür dünyayı boylarlar. Babamın öyle kısacık kösecik olduğuna bakma. Yerine kimsenin geçmesini istemez. Şimdi sana ders vermeye başlar. Kimi zaman döver, kimi zaman haşlar. Hiç karşı koyma, öfkelenme, kaçmaya kalkışma. Zaten kaçamazsın. İki yıl sona erince seni yaman bir sınava çeker. O zaman ters cevaplar ver. Her şeyi öğrendiğini anlarsa vay haline. Ölümlerden ölüm beğen. Eğer kurnaz davranır, bildiklerini gizlemeyi başarırsan yakayı kurtarırsın belki.

Of Hoca ders vermek için acele etmemiş. Keloğlan'a önce ders dışı yapacağı işleri göstermiş:

– Ahırdaki hayvanlara bakmak, bağı bahçeyi belleyip budamak, tarlada çift sürmek, harmanda hasat yapmak senin görevindir. Boş vakitlerde de ders yaparız, demiş.

Keloğlan hiç boş durmamış. Çiftçi olmuş

tarlalarını ekip biçmiş kösenin. Bahçıvan olmuş bağlarını bahçelerini belleyip budamış. Çoban olmuş ineklerini otlatmış. Velhasıl kösenin her bir işini yapmış. Kel başını kaşıyacak zaman bulamamış. Ancak gece bir iki saat ders öğrenmeye vakti olmuş. Köse her şeyi öğretiyor görünmüş ama işin püf noktasını hiçbir zaman açıklamamış. Kendisine saklamış. Ama Keloğlan uykusuz kalmak pahasına, köseyi gizlice izlemiş. Öğrendiklerini eksiksiz öğrenmeyi başarmış. Bunu ne hocaya sezdirmiş, ne de kızlarına.

İki yıl sona ermiş. Köse Keloğlan'ı karşısına alıp sınava çekmiş.

– Haydi bakalım, demiş. Koyun ol da Ali Cengiz oyununu öğrenip öğrenmediğini anlayalım.

Keloğlan, ellerini de ayak yaparak koyun gibi yürümeye, me me diye melemeye kalkışmış.

Köse öfkeden küplere binmiş. İki de tokat atmış.

– Ben senden gerçek bir koyun olmanı istedim. Koyun taklidi yapmanı değil.

– Hocam, elimden ancak bu kadarı geliyor.

– Öyleyse deve ol!

Keloğlan gene dört ayak üstüne gelmiş. Sırtını kamburlaştırmış. Deve gibi lambur lumbur yürümüş. Kendisini seyreden kızlar gülmekten katılmışlar. Köse öfkeden çıldırmış. Keloğlan'ın poposuna bir tekme savurmuş. Sonra;

– Mersin!.. Mersin!.. demiş. Ne demektir, cevap ver!

Keloğlan;

– Tersin tersin! karşılığını vermiş.

Köse;

– Bayram haftası, demiş.

Keloğlan;

– Ambar tahtası! demiş.

Köse köse olalı bu kadar öfkelenmemiş hiç. Her tarafını bir titreme almış. Kızlar babalarının bu halini görünce uzaklara kaçışmışlar. Bu sırada "Of" diye bir ses duyulmuş.

Keloğlan;

– Hah işte anam geldi, demiş.

– Anan da batsın sen de... demiş köse. Keloğlan'ı kulağından tuttuğu gibi ağacın kovuğundan fırlatıp atmış. Kapıyı kapamadan önce başını uzatmış:

– Kadın kadın, demiş. Bula bula bu mankafayı mı buldun bana getirecek? İki yıl değil, iki bin yıl ders versem adam olmaz oğlun. Al, kime istersen ona götür.

Anası önde, Keloğlan arkada, düşmüşler yola. Bakınmadan sağa sola, yel gibi giderlerken bir yanda da kadıncağız söz sokuşturmaya başlamış oğluna:

– İnsan hasırda yatar da saray düşü görürse böyle olur işte. Nene gerek senin padişah kızı, Ali Cengiz oyunu? Güdüyordun sığır ile koyunu. Ne güzel... Şimdi ondan da oldun. Oh olsun!.. Havada duran aklın belki kel başına gelir de yerleşir.

Kadın söylemiş de söylemiş. Keloğlan da hiç sesini çıkarmadan dinlemiş. Derken bir alay atlı görünmüş karşıdan. Oranın derebeyi adamlarıyla av avlamaya, kuş kuşlamaya gidiyormuş. Keloğlan;

– Beri bak ana, demiş. Ne söylersen yerden göğe hakkın var. Anamsın söylersin. Şimdi ben bir yiğit tazı olacağım. Bey beni senden isterse, önce kendini naza çek. Bey beyliğine güvenip tazıyı zorla elinden almaya kalkar. Ona de ki: "Bu tazıyı padişaha götürüyorum. Getir diye haber saldı bana. Beylik malı zorla zapteden kellesinden olur." Böyle söyle. Adam sana para teklif edecektir. O zaman beni bin altından aşağı satma. Bir de boynumdaki tasmayı sakın verme. Tasmam hep sende kalsın.

Bunu der demez Keloğlan silkinmiş, bir tazı olmuş ki, böyle bir tazı yeryüzünde ne görülmüş, ne de duyulmuş... Afgan tazısı, Çapanoğlu tazısı bunun yanında sürtük bir çoban köpeği gibi kalırmış.

O sırada avcılar bir tavşan kaldırmışlar. On beş kadar tazıyı da ardından saldırmışlar. Tazı kılığındaki Keloğlan da fırlamış ileri. Öbür tazılar dökülüp kalmışlar ovada. Tazı Keloğlan tavşanı kapmış havada. Beyin ağzının suyu akmış.

– Kadın bu tazı senin mi?

– Benim beyim. Malım mülküm bir tazım var.

– Bu tazıyı bana vereceksin.

– Veremem. Padişah istedi. Ona götürüyorum.

Bir keresinde padişahtan kellesini zor kurtaran derebeyinin gözü korkmuş.

– Sana bin altın vereyim. Sen padişaha başka bir tazı bulup götürürsün. Ama bu pazarlık aramızda kalacak ha.

– Madem bu kadar istiyorsun, olur.

Bey bin altını saymış, tazıyı almış. Kadın tazının tasmasını vermemiş. Ayrılmışlar. Tek başına yolculuğunu sürdürürken bir de bakmış ki Keloğlan ardından kös kös geliyor.

Ertesi gün de gene bir sürü atlıya rastlamışlar. Şehrin eli sopalı subaşısı adamlarıyla Keklik Pınarı'na piknik yapmaya gidiyormuş, Keloğlan kaşla göz arasında yiğit bir koç olmuş. Azgın bir boğa bu koçla karşılaşacak olsa, kaçacak delik ararmış. Subaşı koçu görünce ağzının suyu akmış.

– Bakın, demiş. Kısmet ayağımıza geldi. Pazarda aradık taradık da böyle bir koç bulamadık. Bunu alalım. Güzel bir koç çevirmesi yaparız.

Keloğlan'ın anası, derebeyine okuduğu mavalları subaşına da okumuş. Şöyle demiş, böyle demiş, koçu elli altına satmış. Fakat boynundaki sicimi vermemiş.

Yolda tek başına yürüyen anasının ardından biraz sonra yetişmiş Keloğlan.

Az gitmişler uz gitmişler, padişahın oturduğu kente yetmişler. Keloğlan bu kere de küheylan bir at olmuş. İki de bir şaha kalkıp kişniyor. Ne Arap atı boy ölçüşebilirmiş onunla, ne İngiliz atı. Anası çıkarmış pazara. Alıcılar başlarına alıcı kuş gibi üşüşüvermiş. Yüz altın, iki yüz altın, üç yüz altın derken boyu kısaca, sakalcığı kösece bir adam çıkmış ortaya.

– Benden bin altın! deyip pazarlığı bağlamış. Kadın vermem dediyse de adam dinlememiş. Dizgini de çekip almış elinden. Atlayıp bineceği sırada at, bir ak güvercin olmuş uçmuş, sarayın bahçesine konmuş. Köse hiç durur mu? O da sivri pençeli bir atmaca olmuş, süzülmüş güvercini kapmaya. Güvercin elini daha çabuk tutmuş, pespembe bir gül olmuş, has bahçede gezinen padişah kızının ayağı dibine düşüvermiş. Kız eğilmiş, gülü almış. Koklayıp yakasına takmış. Atmaca da Köse haline dönmüş, gülü istemiş.

– Yoldan geçiyordum. Gülüm elimden fırladı. Bahçenize düştü. Gülümü verin.

– Koklayıp yakama taktım bir kere. Geri istemeniz ayıp olmuyor mu?

Verirsin vermezsin diye çekişip dururlarken şamatayı padişah duymuş. Çağırmış onları yanlarına. Meseleyi anlayınca kızına:

– Sen bir padişah kızısın. Bir gül bile olsa başkalarının malına el sürmemelisin, deyince kız gülü çıkarıp köseye vermek zorunda kalmış.

Gül daha kösenin eline değmeden bir avuç darı olmuş, halı üstüne saçılmış.

Köse de gurk tavuk olmuş, civcivleriyle darıları gagalamaya temizleyip yemeye koyulmuş. Yemiş hepsini. Yalnız kızın ayağı altında bir tane darı kalmış. Kız ileri yürüyünce tavuk o darıya da atılmış ama darı ondan atik davranmış. Tilki oluvermiş. Gurk tavuğu da civcivlerini de boğup öldürmüş.

Paişah;

– Aferin sana tilki! diyecekken tilki silkinmiş, Keloğlan oluvermiş.

– Padişahım, demiş. Bana adıyla sanıyla

Keloğlan derler. Yaptığım bu oyuna da Ali Cengiz oyunu... Anama söz vermiştin. Öğrensin de gelsin demiştin. Öğrenip geldim işte. Kızınızla evlenmek istiyorum.

Padişah bakmış ki işler fena. Sözünü tutmazsa çok işler gelecek başına. Bir daha Ali Cengiz oyunuyla kimseye fenalık etmemesi, doğru yol dururken eğri yola gitmemesi şartıyla kızını Keloğlan'a vermeye razı olmuş. Kırk gün kırk gece süren bir düğünle evlenmişler Keloğlan'la padişah kızı. Keloğlan almış karısını, şehirde yaptırdığı evine götürmüş. Orada kendisi, karısı, anasıyla mutluluk içinde yaşamışlar. Keloğlan'ın öyle çocukları olmuş ki, dal boylu, sırma saçlı. Bu çocukların kimi okumuş, bilgin olmuş. Kimi askerliğe gönül vermiş, paşa olmuş. İlle ve lakin hiçbir kadın, handa hamamda Keloğlan'ın karısının üstüne geçip kurulamamış.

Onlar ermiş muradına; gökten üç elma düşmüş, dağları devirmeye azmeden çocukların başına.

KELOĞLAN İLE KIRK HARAMİLER

Adı unutulmuş zamanların birinde bir Keloğlan varmış. Yoksul mu yoksul. Altın inci ara da bul. Altından inciden geçtik, Keloğlan giyecek giysi bile bulamazmış sırtına. Çuldan bir abaya sarınır, bir oğlak pöstekisini de geçirirmiş kel başına. Ama bakın, Keloğlan'ın zorlu bir tekesi varmış. Kıvrım kıvrım, çengel çengel boynuzlu. Bazen yaramaz, bazen uslu. Uslu anlarında tekecik, Keloğlan'ın peşinden ayrılmazmış. Ama yaramazlığı tutunca tutabilene aşkolsun. Sıçrar aşarmış avlu duvarını. Talan edermiş komşunun bahçesini bağını! Daha da olmazsa tutarmış dağın yolunu, orada dağ keçileriyle oynaşır sırnaşır, hatırlamazmış bir ev tekesi olduğunu.

Anası Keloğlan'a;

– Bre Keloğlum, keleş oğlum, dermiş, teke bizim ne işimize yarar? İkide bir başını alıp dağa kaçar. Şunu sat da yerine bir keçi al. Hiç olmazsa akça sütünü sağar, kuru ekmeğimize katık yaparız.

Dermiş ama sözünü dinleyen kim? Keloğlan sabahleyin erken kalkar; ne sağına bakar, ne soluna, düşermiş yayla yoluna. Çengel boynuzlu tekesi önünde. Otlu sulu derelerde tekesini otlatır, akşam eve dönünce de anasına kırda yaptığı maskaralıkları anlatırmış.

Bir gün gene yaylada tekeyi salmış çayıra, kendisi de mevlam kayıra diye bir ağacın gölgesine sırt üstü yatmış. Tam kan uykunun ortasında iken, at kişnemeleri, katır sesleri... Besinlleyip uyanmış. Bakmış bir sürü haydut. Kimisinin yüzü kızıl, kimisinin karadut. Bir yandan çadır kuruyorlar, bir yandan da bir sürü atı katırı otlatıyorlar.

Keloğlan kel başını kaşımış. Bu kuş uçmaz kervan geçmez yaylada hiç böyle şeyler olmazdı, bunlar da neyin nesi, kimin fesi diye düşünüp dururken palabıyıklı, belleri hançerli iki adamın tekesini yakaladıklarını görmez

mi? Kan beynine sıçramış. Koşmuş, tekesini ince sakalından yakalamış.

– Bu teke benim amcalar, onu nereye götürüyorsunuz? demiş.

Demesine demiş, ama adamlardan bir karşılık beklerken temiz bir sopa yemiş.

Meğer bunlar Kırk Haramiler denilen kırk kardeşlermiş. Zavallı Keloğlan'ın gözleri önünde sevgili tekesini kesmişler. Yüzmüşler. Şişe geçirmişler. Yaktıkları ateşte nar gibi kızartmışlar. Sonra da başına çokuşup şapur şupur yemişler. Yutkunan Keloğlan'a bir lokma bile vermemişler.

Keloğlan akşam üstü kös kös dönmüş eve. Yüzünden düşen bin parça. Anası;

– Bre oğlum, deryada gemilerin mi battı? Bu ne hal? Bir tatlı dilinle, bir güleç yüzün vardı. Anlattıklarını dinler, yüzüne baktıkça içim açılırdı. Şimdi ise dut yemiş bülbüle dönmüşsün. Suratın yağmur bulutu gibi kararmış, demiş.

Keloğlan evin bir kenarına pusmuş, hep susmuş. Bir kerecik olsun konuşmamış, gülümsememiş. Geceyi yatmadan öyle susarak geçirmişler. Sabah olunca Keloğlan anasına;

– Ana, sandıkta bir entari ile bir önlük var mı? demiş.

– Var, demiş anası da. Dilinin çözülmesine sevinmiş. Ama entari ile önlüğü nideceksin? Yoksam benden uğrun nişanlandın mı?

Keloğlan hiçbir karşılık vermemiş anasına. Verdiği kırmızı entariyi giymiş. Mor önlüğü de önüne bağlamış. Olmuş bir Kelkız. Düşmüş yayla yoluna, yürümüş salına salına. Sözde madımak toplaya toplaya, türküler söyleyip hoplaya hoplaya yaylaya ulaşmış. Bakmış ki Kırk Haramiler gene orada. Yiyip içiyorlar.

Haramilerin başı Kelkız'ı görünce, adamlarına;

– Onu buraya getirin, diye buyurmuş.

Tutup getirmişler.

Şöyle bir bakmış yüzüne baş harami.

– Kel olmasaymışsın, bayağı güzel bir kızmışsın, demiş.

Sonra önüne bir yığın sülün koymuş:

– Al şu sülünleri anana götür. Bunları kızartsın. Yanına da bir sini dolusu yağlı pilav yapsın. Yarın gelirken al getir. Sülünlerin bir lokma eti bile kaybolmayacak. Sonra hesabını senden sorarım.

Biraz ötede bir atın nalını sökmeye uğraşan kocaman burunlu bir harami;

– Kelkız! Kelkız! demiş. Sülünlerin katılarını bir yere atma sakın! Katı yemeye bayılırım ben.

Kelkız;

– Atmam atmam, demiş, zaten onları köpeklere atsan onlar bile yemez.

Keloğlan ayakları bağlı sülünleri sarmış sırtına. Düşmüş köyün yoluna. Derelerden tepelerden geçerek, soğuk sular içerek eve gelmiş.

– Ana, demiş, al sana bir sürü sülün! Nerden aldığımı hiç sorma! Nar gibi kızart. Yiyelim. Felekten bir gün çalalım. Keyfimize bakalım.

Sülünleri temizlemiş anası. Kızartmış nar gibi. Başına geçip saldırmışlar aç kurtlar gibi. Afiyetle yiyip bitirmişler.

Ertesi sabah Keloğlan, mor bir entari giymiş. Önüne de al bir önlük bağlamış. Kel başına geçirdiği pöstekiyi çıkarıp atmış. Yerine beyaz, kenarı dal dal oyalı bir yemeni bağlamış. Düşmüş yola. Sözde madımak toplaya toplaya, türküler söyleyerek hoplaya hoplaya yaylaya ulaşmış. Haydutlar başlarını kaldırıp bakmışlar. Mor entarili, ak yaşmaklı bir dünya güzeli. Hemen koşuşmuşlar, mor entarili kızın başına üşüşmüşler. Nerdeyse önce sen gördün, ben gördüm diye birbirlerine hançer çekeceklermiş ama en büyükleri bir kaş çatmasıyla onları susturmuş.

– İşte dünya güzeli bir kız! Kendi isteğiyle ayağımıza geldi. En küçük kardeşimizden başka hepimiz evli olduğumuza göre bu onun kısmetidir, deyince öbürleri biraz sokranmışlar, uzun bıyıklarını çekiştirip durmuşlar ama, boyunlarını büküp razı olmuşlar.

Çadırları sökmüşler. Atlara katırlara binip düşmüşler yola. Takılmadan sağa sola az gitmişler, uz gitmişler. Keklik sülün avlayarak, kaçan ceylanlara ok atarak iki gün, iki gece yol gitmişler. Varmışlar büyük bir şehire. Girmişler büyük bir konağa. Konağın kırk kapısı, kırk odası, kırk penceresi varmış. Kırk Haramiler çapulculuktan sonra burada yaşarlarmış. Şehirde ellerinde tesbih, dillerinde dua... Günleri geçermiş namazda niyazda. Kimse onların Kırk Haramiler olduğunu bilmezmiş. Kimse onların şehirde ne bir kötülüğünü görmüş, ne de hallerinden bir kötülük sezmiş.

Neyse... Harami kardeşlerin konağa girdikten sonra ilk işleri bir imam çağırtmak olmuş. İmam, mor entarili kızla en küçük haraminin nikâhlarını kıymış. Nikâh töreni sona erince baş harami ikisinin elinden tutmuş, onları kırkıncı odaya koymuş. Sonra herkes kendi odasına çekilip uyumaya başlamış.

Mor entarili kız, yani bizim Keloğlan, sesini inceltip tatlandırmış, sözlerini kanatlandırmış:

– Kocacığım, demiş, biz, yatmadan önce şarap içeriz.

Damat;

– Doğrusu çok güzel bir âdetiniz varmış, demiş. Çok iyi olur. Önce kafaları çekelim, murat almaya da sıra gelir sonra.

Gitmiş, evin mahzeninden bir kasa şarap getirmiş. Başlamışlar içmeye. Keloğlan punduna getirip ağzına götürdüğü kadehi yere dökerken damat hiç ara vermeden bardakları boşaltıp durmuş. İçki şişede durduğu gibi durur mu? Çok geçmeden haytanın içtikleri vurmuş başına. Şaşı şaşı bakmaya başlamış sözde hayat arkadaşına. Derken bir pelteklenme çökmüş diline. Kısa zamanda serilip düşmüş halının üstüne.

Sözde damadın kendisinden geçtiğini anlayınca Keloğlan yerinden kalkmış. Eline bir ustura almış. Haraminin ince uzun bıyıklarını, saçını, sakalını, kaşlarını, kirpiklerini bir güzel tıraş etmiş. Cascavlak bırakmış adamı. Odanın içinde, sandıklarda, raflarda bulduğu yükte hafif, pahada ağır şeyleri bir çıkına doldurmuş. Çıkıp giderken oda kapısına, "Bıyıksız teke – Gez seke seke – Şimdilik yeter – Seneye kalmaz biter", diye bir dörtlük yazmış.

Sabah olmuş. Aynı anda uyanmış haramiler. Kırk odanın kapısı aynı anda açılmış. Aynı anda geniş kahvaltı sofrasının başında toplanmışlar. Baş harami saymaya başlamış onları. Bir bu baştan saymış, otuz dokuz kişi. Bir öbür baştan saymış, gene otuz dokuz kişi.

– Bir eksiğimiz var! demiş. O sersem kimse gidip uyandırın!

– Ağam unuttun mu? En küçük kardeşimizi akşam evlendirdik ya, o yüzden gecikti herhalde. Biraz sonra gelir.

– Evlendi diye hanım evladı gibi yatması gerekmez ya... Bu sabah erkenden topluca işe çıkacağımızı bilmiyor mu?

Kardeşleri pek keyfine dokunmak istememişler ama ağabeylerinden çekindikleri için varıp kapısını tıklatmışlar. Ses soluk yok. Bir daha... Bir daha... Bir cevap alamayınca kapıyı omuzlayıp içeri girmişler. Bir de ne görseler iyi: Kardeşleri cascavlak, yerde baygın yatıyor. Gelinden de eser yok. Acaba öldü mü? Bakmışlar soluk alıyor. Onu orda bırakıp bir hekim aramaya çıkmışlar. Sağa bakmışlar, sola bakmışlar. Tam konağın önünden ak sakallı, başı sivri külahlı bir hekim geçmiyor mu?

– Aman seni bize Tanrı gönderdi, diye onu alıp içeri götürmüşler. Hekim baygın haramiyi bir iyice muayene etmiş.

– Bunu kan tutmuş, demiş. Belli ki çok kim-

senin kanını akıtmış. Hamama kaldırmalıyız hemen. Orada hacamat yaparak kan almalıyım kendisinden.

Haramiler derhal kardeşlerini hamama götürmüşler. Hekim;

– Siz dışarda bekleyin, demiş, haramiyi göbek taşına uzatmış. Bakmış harami kıpırdanıyor. Uyandı uyanacak. Hemen hekim çantasından çıkardığı bir şişe şarabı ağzını açarak içirmiş. Harami kendisinden geçmiş gene. Çizik çizik çizmiş usturayla sırtını, bardaklara doldurmuş kanını. Dışarı çıkmış. Orada bekleyen haydutlara;

– Kardeşiniz iyi, demiş. Hacamat yaptım. Yeterince kan aldım. Birazdan gelir kendine. Gidip başında bekleyin.

Haramiler soyunup girmişler hamama. Dizilip beklemeye başlamışlar kardeşlerinin başına.

Onlar hamam bekçiliği yapadursun, hekim kılığındaki Keloğlan, haramilerin giysilerini toparlamış, hamamın önünde bekleyen atlardan birisine yüklemiş. Kendisi de bir başka ata binmiş. Geriye kalan otuz sekiz atı da önüne katmış. Sürmüş gitmiş. Dağ taş aşmış, köyüne ulaşmış.

Haramiler küçük kardeşleri ayılınca hamamın soyunağına çıkmışlar. Bakmışlar ki, elbiselerinin yerinde yeller esiyor. Hamamın kapısından başlarını uzatınca da ne görsünler? Atları da kayıplara karışmamış mı?

Atsız, giysisiz kalan haydutlar âdem baba kıyafeti ile evlerine dönmek zorunda kalmışlar. Mahalle halkına rezil olmuşlar. Utançlarından o şehirden başka bir şehire göçmüşler.

Günlerce, aylarca, yıllarca ak sakallı bir hekimi aramışlar ama bulamamışlar. Her biri bir yere gidip aramış, gene hevesleri kursaklarında kalmış.

Karun kadar zengin oldukları halde gene de mutlu olamamışlar. Bir yoksul Keloğlan onları mat etmiş. Günler geçip gitmiş. Onlar erememişler muratlarına. Hak muradı nasip etsin doğru yolda yürüyen kullarına.

Gökten üç elma düşmüş, haksıza başeğmeyen çocukların başına.

B İ T T İ